MW01381029

LA MYTHOLOGIE
LES HÉROS ET LES HOMMES

Nous remercions Véronique Schiltz
d'avoir bien voulu participer
à l'élaboration de cet ouvrage.

ISBN 2 227 70428 4
© Editions du Centurion, 1991

LA MYTHOLOGIE
LES HÉROS ET LES HOMMES

Texte de Laura Fischetto
avec la collaboration de
Sylvie Coyaud
Illustrations de Letizia Galli

CENTURION

Préface

Dans le premier volume de la Mythologie, nous avons assisté à la naissance, assez bizarre parfois, des principaux dieux de la mythologie grecque. Les uns après les autres, nous les avons connus et les avons suivis jusqu'à l'Olympe.

Ce second volume est consacré aux héros, aux hommes et aux femmes, qui, par hasard, par amour ou par malchance, ont croisé les dieux sur leur chemin.

Nous y rencontrerons les bien-aimés de Zeus, l'inlassable séducteur, qui se moque de la jalousie d'Héra, sa compagne. Nous participerons aux aventures de ses nombreux enfants, à la fois dieux et humains.

Nous nous laisserons émouvoir par les histoires d'amour de l'Antiquité : Orphée et Eurydice, Amour et Psyché, Philémon et Baucis, et bien d'autres encore. Nous découvrirons combien les dieux savent être généreux, combien aussi ils peuvent être cruels.

Comme dans le volume précédent, les grands poètes anciens nous tiendront compagnie à travers de brèves citations de leurs œuvres.

Nous avons choisi les histoires les plus parlantes pour entraîner les lecteurs, au fil des légendes venues de la Grèce entière, dans un merveilleux voyage imaginaire.

LES AMOURS DIFFICILES

Zeus et Io

 Quand le puissant Zeus descend sur la terre, Héra, qui est très jalouse, part immédiatement à sa recherche.
Zeus la voit arriver tandis qu'il fait la cour à Io, une douce prêtresse.

Pour cacher sa bien-aimée à Héra, il transforme Io en une blanche génisse. Mais trop tard !

Héra donne à Argos, le monstre aux cent yeux, l'ordre de surveiller la génisse et de la garder prisonnière.

Hermès, envoyé par Zeus pour délivrer Io, fredonne alors une chanson si monotone que tous les yeux d'Argos s'endorment l'un après l'autre ; Hermès en profite pour trancher la tête du féroce gardien. Io est libre.

Mais Héra veille, elle est sans pitié.

A son tour, elle envoie un méchant taon harceler par ses douloureuses piqûres la pauvre génisse.

Io s'enfuit, poursuivie par le taon, loin, loin, jusqu'en Egypte, où elle met au

monde Epaphos, l'enfant qui lui rappelle l'amour de Zeus.

"Elle s'efforça d'exhaler ses plaintes ;
c'est un mugissement qui sortit de sa bouche."
Ovide, *Métamorphoses,* I, 639.

Zeus et Europe

Malgré la compagnie des amies qui l'entraînent au bord de la mer et l'invitent à jouer, Europe, la fille du roi Agénor, s'ennuie comme toutes les princesses désœuvrées.

Mais voilà que sur la plage arrive un grand taureau blanc, un drôle de jouet pour une princesse. Europe est courageuse, elle s'approche de l'animal qui se laisse toucher et même caresser le museau. Il semble lui sourire, d'un sourire de taureau.

Enhardie, Europe grimpe sur son dos. Alors le taureau se met à galoper vers la mer et se jette dans les vagues. En un instant, Europe, tout effrayée, et le taureau sont loin du rivage.

Ils arrivent sur l'île de Crète, le but de leur voyage. Europe découvre, à sa grande surprise, que le taureau blanc n'est autre que Zeus qui s'était transformé en animal pour l'enlever. Alors elle n'a plus peur.

Poséidon, qui règne sur la mer, contemple avec amusement les amours d'Europe et de Zeus. Ils auront trois fils : Minos, Rhadamante et Sarpédon.

> "La fille du roi osa même,
> sans savoir sur quel dos elle se posait,
> s'asseoir sur l'échine du taureau."
> Ovide, *Métamorphoses,* II, 868-869.

Zeus et Danaé

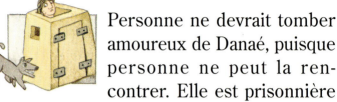

Personne ne devrait tomber amoureux de Danaé, puisque personne ne peut la rencontrer. Elle est prisonnière dans la chambre secrète d'une tour, car un oracle a prédit à son père, le roi Acrisios, que le fils de sa fille le tuerait. Alors le roi a caché Danaé pour qu'elle ne se marie jamais.

Pourtant, Zeus, qui du haut de l'Olympe voit tout, a été séduit par la jeune captive. Il veut aller la voir. Pour y arriver, il se transforme en une fine pluie d'or qui pleut dans la chambre secrète de Danaé.

La princesse, qui se sentait très seule, est heureuse de cette visite inattendue et de l'amour que lui témoigne le plus grand des dieux. Elle donne à Zeus un enfant nommé Persée.

Quand Acrisios l'apprend, il fait enfermer Danaé et son fils dans un coffre qui est jeté à la mer. Mais la mer les accueille dans ses vagues et les emporte au loin, sains et saufs. Quant à Persée, il fera bientôt parler de lui.

"Qui connaîtrait Danaé
si elle était restée enfermée
dans une tour
jusqu'à sa vieillesse ?"
Ovide, *Art d'aimer,* III, 415-416.

Zeus et Léda

Zeus veut connaître toutes les belles princesses qu'il y a sur terre.

Léda s'endort au bord d'un lac. Pas pour longtemps. Un battement d'ailes réveille la princesse. Elle ouvre de grands yeux étonnés : à côté d'elle vient de se poser un merveilleux cygne. Le puissant Zeus a pris la forme d'un grand oiseau blanc pour s'approcher d'elle sans l'effaroucher.

Léda aura deux jumeaux qui naîtront dans un œuf de cygne : Castor et Pollux, ainsi que deux jumelles, Hélène et Clytemnestre.

"Léda est couchée
sous les ailes d'un cygne."
Ovide, *Métamorphoses,* VI, 109.

Héra et Ixion

Si Zeus est un peu trop souvent amoureux d'autres femmes, Héra, elle, lui est toujours fidèle. Aucun dieu, aucun homme ne lui plaît autant que son mari. Mais elle est si belle que, parfois, il arrive qu'on lui fasse la cour.

Ainsi Ixion, venu dîner sur l'Olympe, a perdu l'appétit dès qu'il l'a vue. Il voudrait l'embrasser, mais Zeus, qui a compris ses intentions, décide de jouer un mauvais tour à son invité.

Un magnifique nuage, qui ressemble à Héra, s'avance et sourit à Ixion qui lui ouvre tout grand les bras, persuadé d'embrasser la déesse.

Ixion doit se contenter d'aimer une illusion, et de son amour pour le nuage magnifique naîtront les centaures, des créatures semblables aux hommes jusqu'à la ceinture, et aux chevaux de la croupe aux sabots.

Ixion sera puni de son audace : il restera à jamais dans le royaume d'Hadès, attaché à une roue de feu lancée dans l'espace et qui tourne, tourne éternellement.

"Ixion, si grand
qu'il pouvait espérer
séduire Héra la divine..."
Ovide, *Métamorphoses,* 504-505.

Apollon et Daphné

Apollon est connu pour sa beauté, et pourtant il lui arrive de ne pas être aimé.

Un jour, la nymphe Daphné croise son chemin. Dès qu'il la voit passer, Apollon sent son cœur chanter une chanson d'amour.

Le cœur de Daphné, lui, reste silencieux et ses jambes la poussent à fuir.

Daphné court, vite, le plus vite possible, loin, le plus loin possible, pour échapper à Apollon.

Mais le dieu est très amoureux : il s'entête et rattrape la nymphe. Il veut absolument la conquérir.

Daphné appelle alors à son secours Gaïa, la Terre, qui entend sa plainte et vient à son aide : vite, elle transforme Daphné en un laurier aux feuilles délicates.

Apollon, attristé, embrasse la jeune plante et il écoute, sous l'écorce, battre de peur le cœur de Daphné.

> "Puisque tu ne peux être mon épouse,
> tu seras du moins mon arbre,
> dit le dieu."
> Ovide, *Métamorphoses,* I, 557-558.

Artémis et Actéon

Artémis, la déesse qui habite dans les bois, ne sait pas qu'elle est belle. Au lieu de se regarder dans un miroir, elle préfère courir les sentiers et chasser.

Quand il fait trop chaud, elle se baigne dans l'eau d'une rivière avec ses amies les nymphes, et comme les arbres les cachent des regards indiscrets, personne ne vient les déranger.

Mais un jour Actéon, un habile chasseur, passe près de la rivière alors qu'il poursuivait un cerf avec ses chiens. Artémis est si belle qu'il ne peut s'empêcher de s'arrêter pour la contempler. Il n'arrive plus à détourner les yeux.

Artémis l'a aperçu. Elle se met en colère et devient rouge de honte et de rage.

Elle n'a ni son arc ni ses flèches, mais une déesse n'a pas besoin d'armes pour blesser. Elle éclabousse le trop curieux Actéon. Tout mouillé, il se transforme en cerf et ses chiens se jettent sur lui et le déchirent de leurs crocs.

Ainsi meurt le chasseur Actéon, victime de ses chiens et de sa curiosité.

"L'aurore aux tons de pourpre
colora le visage d'Artémis
surprise sans voile."
Ovide, *Métamorphoses,* III, 184-185.

Aphrodite et Adonis

 Adonis est né au creux d'un tronc, car sa mère, Myrrha, avait été tranformée en arbre par les dieux.

A sa naissance, il n'y a personne pour bercer le bébé et lui donner à manger.

Aphrodite l'élèverait volontiers si elle en avait le temps. Mais elle est trop occupée à être belle et à séduire.

Alors elle l'emmène dans le royaume d'Hadès et de Perséphone. Ainsi, la vie d'Adonis commence là où s'achève d'habitude celle des hommes. Perséphone est gentille, elle apprend à l'enfant à s'amuser et à rire malgré la tristesse qui les entoure.

Quand Aphrodite revient le chercher, Adonis est un si beau jeune homme qu'elle s'en éprend. Mais Perséphone n'a pas l'intention de le laisser partir et les deux déesses se disputent âprement.

C'est Zeus le souverain qui décide : pendant un tiers de l'année Adonis restera

chez Perséphone, pendant un autre tiers il accompagnera Aphrodite, et pendant le dernier tiers il ira où il voudra.

> "L'enfant avait grandi sous l'écorce
> et cherchait l'issue par laquelle,
> abandonnant sa mère,
> il s'en libérerait."
> Ovide, *Métamorphoses,* X, 503.

Amour et Psyché

 Quel étrange mariage que celui de Psyché. Ecoutant les conseils d'un oracle, son père l'a laissée au sommet d'une montagne. Le vent est venu l'enlever et l'a emportée chez son époux.

Psyché, qui aime son mari, ne doit ni savoir son nom, ni le regarder. Chaque nuit, quand il vient la rejoindre, il éteint toutes les lampes et Psyché ne peut le voir. Il est si gentil qu'elle est tout de même heureuse ; mais la curiosité de Psyché aura bientôt raison de son bonheur.

D'ailleurs ses sœurs, envieuses, racontent que son mari ne veut pas se laisser regarder, car il est un monstre affreux.

Une nuit, Psyché allume une lampe et se penche sur son époux endormi. Il est si beau qu'elle en tremble : une goutte d'huile tombe de la lampe et brûle le jeune homme, qui se réveille en sursaut. Psyché a désobéi, et Amour – c'est ainsi qu'il se nomme – doit l'abandonner. Amour est le fils d'Aphrodite, cette déesse jalouse qui va faire longtemps souffrir sa belle-fille. Psyché connaîtra bien des malheurs.

Mais un jour viendra où Amour et Psyché seront réunis pour toujours.

"A cette brûlure, le dieu sursauta :
il vit sa confiance trahie et s'envola..."
Apulée, *Métamorphoses,* V, 23.

Polyphème et Galatée

Polyphème est grand et fort, laid et sale. Il vit parmi ses moutons et dort avec eux dans une caverne qui sent bien mauvais.

Il ne s'est jamais regardé dans une glace, avec son œil unique au milieu du front.

Un jour, il tombe amoureux d'une jolie nymphe appelée Galatée, mais Galatée n'est pas du tout intéressée : elle aime Acis, un jeune homme qu'elle a l'intention d'épouser. Polyphème a beau se laver et même se peigner, Galatée ne veut à aucun prix de lui.

Alors l'amour de Polyphème se transforme en une haine cruelle envers le pauvre Acis, et il l'écrase sous un rocher.

Galatée pleure son amour perdu. Elle pleure tellement que Zeus a pitié d'elle. De ses larmes et du corps d'Acis il fait un fleuve qui coule encore aujourd'hui.

"C'était Acis, changé en fleuve
et dont les eaux ont conservé son ancien nom."
Ovide, *Métamorphoses,* XIII, 895-897.

Orphée et Eurydice

Orphée le poète a entonné sa plus belle chanson, celle qui fait pleurer tous ceux qui l'écoutent. Elle raconte l'histoire d'Eurydice, sa femme bien-aimée.

Un jour, Eurydice rencontre dans la forêt un inconnu qui veut l'embrasser. Mais elle s'enfuit, sans s'apercevoir qu'un serpent se cache dans l'herbe. Le serpent la mord à la cheville. Eurydice meurt.

Elle habite maintenant au royaume d'Hadès. Orphée chante son amour et sa peine. Il va chercher sa femme parmi les ombres.

Même Hadès et Perséphone fondent en larmes en entendant la plainte du poète. Emu, Hadès permet à Eurydice de repartir avec Orphée. A une seule condition : Orphée ne devra jamais regarder derrière lui pour voir si Eurydice le suit. Mais le désir de revoir sa bien-aimée est trop fort, Orphée se retourne.

Cette histoire finit mal, Eurydice reste pour toujours au sombre royaume d'Hadès, et Orphée, qui continue à chanter son chagrin, mourra tragiquement.

"Orphée la reçoit sous cette condition
qu'il ne tournera pas ses regards en arrière
jusqu'à ce qu'il soit sorti des vallées de l'Averne."
Ovide, *Métamorphoses,* X, 52-53.

LA VENGEANCE DES DIEUX

Niobé

Elle a de la chance, Niobé, beaucoup de chance.
Elle est reine, elle est riche, elle a un mari sage, un palais très confortable, sept fils et sept filles.

Elle raconte sa chance à tout le monde et attend qu'on lui fasse des compliments.

Elle parle trop ; elle dit tout haut qu'elle, la reine Niobé, a fait mieux que la déesse Léto, puisque Léto, après tout, n'a eu que deux enfants : Artémis et Apollon.

Léto se vexe, et cela suffit pour que ses enfants, qui n'ont pas bon caractère, décident de venger leur mère.

Apollon, qui ne manque jamais son but, décoche l'une après l'autre sept flèches, qui atteignent en plein cœur les sept fils de Niobé.

Artémis, qui tire aussi bien que son frère, lance, elle aussi, l'une après l'autre sept flèches, qui atteignent en plein cœur les

sept filles de Niobé. Elle pleure maintenant, Niobé désespérée, et elle ne veut plus vivre. Transformée en pierre, elle continue pourtant à verser des larmes.

"La déesse, disait Niobé, fit deux enfants,
elle-même en engendra un grand nombre.
Mais ceux qui n'étaient que deux occirent le grand
nombre." Homère, *Iliade,* XXIV, 608-609.

Arachnè

Sur toute la terre, personne ne sait tisser la laine aussi bien qu'Arachnè.

Quand elle en a le temps, Athèna aussi tisse des étoffes, parfaites comme tout ce que font les dieux.

Arachnè, fière de son talent, ose lancer un défi à Athèna et l'invite à un concours de tissage. Elle est sûre de gagner. Athèna aussi, évidemment !

Assises l'une en face de l'autre, elles ont installé leurs métiers et elles tissent, tissent sans s'arrêter. Athèna fait sur l'étoffe le portrait de tous les dieux, Arachnè, elle, dessine sur la sienne des histoires d'amour.

Quand elles ont fini, Athèna cherche des défauts dans le travail de sa rivale. Mais elle n'en trouve pas, le tissu est parfait, pas un fil ne dépasse.

Alors Athèna se fâche et détruit la merveilleuse étoffe d'Arachnè.

Désespérée, Arachnè tente de se pendre avec ses laines de toutes les couleurs, mais Athèna l'en empêche. Elle transforme Arachnè en araignée : désormais elle tissera à jamais une seule toile avec un fil d'une seule couleur.

"Et maintenant, araignée,
elle tisse, comme jadis, sa toile."
Ovide, *Métamorphoses,* VI, 145.

Echo

Echo, la jolie nymphe, est bavarde, si bavarde qu'on n'arrive jamais à la faire taire.

Et si elle aime tant parler, c'est sans doute à cause de sa belle voix.

Le jour où elle rencontre Héra, elle se met à déverser un flot de paroles. Héra, déesse gentille et bien élevée, écoute poliment ce que la nymphe lui raconte. Et tandis qu'elle se laisse distraire par Echo, Zeus en profite pour faire la cour aux nymphes des collines.

Quand Héra s'en aperçoit, elle se met en colère et punit Echo. La punition est terrible : Echo ne peut plus parler, mais seulement répéter les mots des autres, et personne ne l'écoute plus, car elle n'a plus rien à dire.

Un jour, Echo tombe amoureuse du beau Narcisse. Mais elle est incapable de le lui dire. Tant mieux, car de toute façon, il préfère ne pas en entendre parler.

La pauvre Echo cherche ses mots sans réussir à les trouver ; elle maigrit et dépérit jusqu'au jour où elle n'est plus qu'une voix lointaine. Une voix qui voudrait répéter les mots d'amour des autres, puisqu'elle-même ne sait plus les inventer.

"Echo la nymphe à la voix sonore
qui ne sait ni répondre par le silence,
ni prendre la parole la première,
Echo qui renvoie le son."
Ovide, *Métamorphoses*, III, 357-358.

Narcisse

 Narcisse ignore sa beauté. Il n'a pas de miroir, car un oracle lui a prédit que s'il s'admirait, il en mourrait.

Un jour, l'eau d'une source reflète son beau visage, et Narcisse tombe amoureux de cette image. Il se regarde, s'admire ; malgré la faim et la fatigue, il n'arrive plus à s'éloigner de son reflet.

Les dieux punissent ainsi Narcisse, qui séduisait tout le monde et, sauf lui-même, n'aimait personne.

> "Nul jeune homme,
> nulle jeune fille
> ne toucha son cœur."
> Ovide, *Métamorphoses,* III, 355.

Pygmalion

Pygmalion, le roi de Chypre, est avant tout un artiste. Ni les femmes ni l'amour ne l'intéressent, il passe tout son temps à sculpter.

Pour Aphrodite, la déesse de l'amour, c'est un véritable affront : puisque Pygmalion préfère la compagnie de ses statues, elle lui tend un piège. Le roi a sculpté une merveilleuse statue de femme, et maintenant qu'elle est terminée, il ne peut plus s'en séparer.

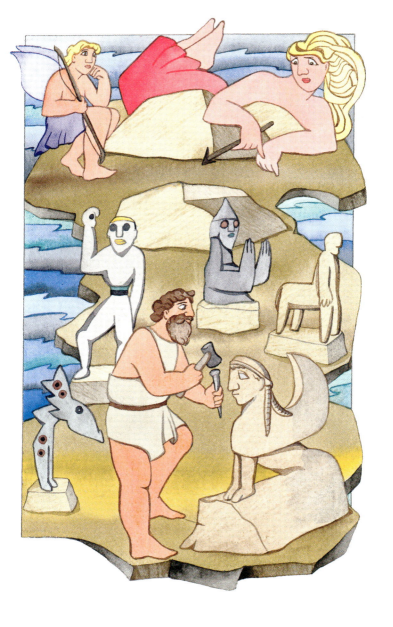

Pour la première fois, Pygmalion aime éperdument une femme, il lui dit des mots doux, il la prend dans ses bras. Mais elle est en ivoire, elle ne peut ni répondre, ni sourire, ni aimer.

L'amour de Pygmalion pour sa statue est si fort qu'Aphrodite décide de lui faire une surprise : dans les bras du roi la statue, tout à coup, s'anime, elle se met à bouger comme une femme, vivante, si vivante qu'elle lui donne un fils en chair et en os : Paphos.

"Il sculpta dans l'ivoire à la blancheur de neige
un corps auquel il donna une beauté
qu'aucune femme ne peut tenir de la nature ;
et il conçut de l'amour pour son œuvre."
Ovide, *Métamorphoses,* X, 248-249.

Minos

Minos, le fils de Zeus et d'Europe, est roi de Crète. Il est si puissant qu'il fait peur à tous ses ennemis. Les dieux, eux, le trouvent sympathique.

En témoignage d'amitié, Poséidon lui a envoyé un cadeau : un grand taureau tout blanc qui a surgi parmi les vagues. Minos aime bien le bel animal, et pourtant il devrait le sacrifier à Poséidon, comme on le faisait à l'époque. Mais le taureau est trop beau, Minos le garde pour lui, et sacrifie au dieu de la mer un vilain petit taureau maigrichon.

Vexé, Poséidon envoie la rage sur le taureau blanc, qui devient féroce et détruit tout sur son passage. Et sa vengeance est bien plus terrible encore, puisque la femme de Minos met au monde un enfant à tête de taureau. C'est Astérios, qu'on appelle le Minotaure et devant lequel les gens s'enfuient.

Alors le roi Minos fait construire un immense labyrinthe au fond duquel son fils reste caché pour que personne ne puisse le voir.

"D'abord Zeus engendra Minos
pilier de l'île de Crète..."
Homère, *Iliade,* XIII, 450.

Marsyas

Athèna a inventé la flûte, mais elle a découvert que lorsqu'elle souffle dedans et gonfle les joues, elle a l'air ridicule. Alors elle la jette.

Marsyas, un satyre qui passait par là, la ramasse et se met à jouer des mélodies.

Apollon, comme chacun sait, est le meilleur musicien de son temps. Marsyas veut jouer encore mieux que le dieu et il espère qu'Apollon l'applaudira. Défier un dieu est en général dangereux, tout le monde le sait, sauf Marsyas qui invite Apollon à un concours musical.

Ils jouent donc, l'un de la lyre, l'autre de la flûte.

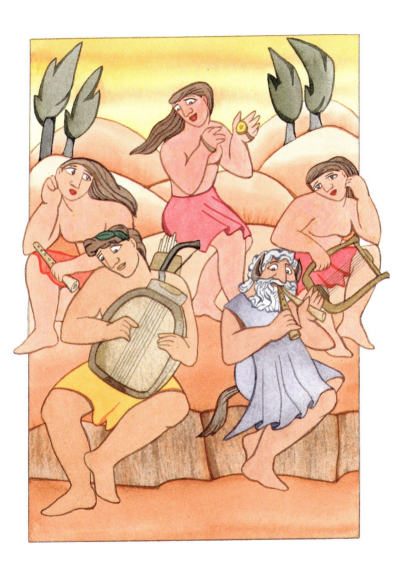

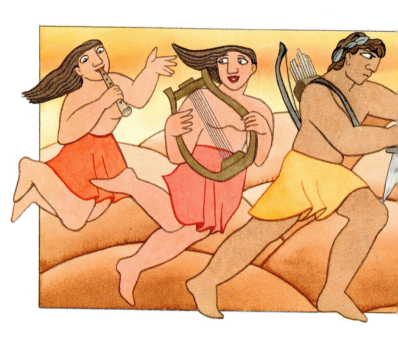

Quand le dieu, malin, propose d'utiliser les instruments à l'envers, Marsyas a beau souffler, sa flûte reste muette.

Apollon, le vainqueur, punit cruellement le satyre : suspendu à un arbre, Marsyas est écorché. Et les Muses regardent sans

protester, elles ne reprochent jamais rien à Apollon, qui est leur dieu préféré.

"Ah, pourquoi m'arraches-tu à moi-même ?
Ah, criait-il, une flûte ne vaut pas d'être payée ce prix !"
Ovide, *Métamorphoses,* VI, 385-386.

Midas

Midas est un bon roi qui connaît bien son métier : en revanche, il ne sait rien de la musique.

Aussi, quand Apollon et Pan jouent pour lui et lui demandent de désigner le plus doué des deux, Midas choisit Pan.

Apollon, vexé, parce qu'il est convaincu de jouer mieux que Pan, fait pousser sur la tête de Midas des oreilles d'âne. Quelle honte pour un roi !

Sous un chapeau, elles ne se remarquent pas trop. Seul le barbier de la cour les voit quand Midas vient se faire couper les cheveux.

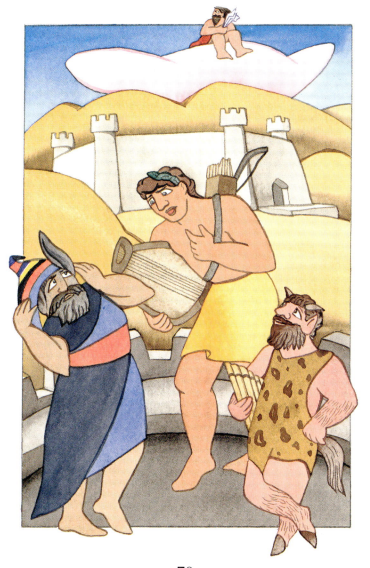

Le barbier a juré de ne rien dire à personne, mais le secret est si lourd à porter qu'il décide de le confier à la terre. Il creuse un trou, descend tout au fond et chuchote que les oreilles du roi sont longues et pointues.

Au bord du trou poussent des roseaux caressés par le vent, ils ont tout entendu et

murmurent à leur tour le secret, qui rebondit dans la brise.

Depuis, les grandes oreilles du roi font rire tout le monde.

> "Tout le corps est d'un homme.
> Le châtiment n'atteint Midas
> qu'en un seul point :
> il est pourvu des oreilles de l'âne au pas lent."
> Ovide, *Métamorphoses,* XI, 178-179.

Phaéton

Phaéton voit chaque jour son père transporter le soleil sur son char à travers le ciel.

Il est fier d'être le fils d'Hélios et il voudrait devenir aussi important que lui. Il demande à son père de le laisser conduire, ne serait-ce qu'une seule fois, le char enflammé.

Phaéton est persuadé qu'il saura le faire.

Un beau matin, Phaéton saute sur le char d'Hélios et s'empare des rênes des chevaux fougueux.

Mais le char fait des embardées ; tantôt il s'approche de la terre et semble vouloir l'incendier, tantôt les flammes effleurent l'Olympe, et les dieux ont très chaud et très peur.

Alors, pour éviter le désastre, Zeus prend une décision terrible. Afin d'arrêter le char, il lance contre Phaéton la foudre puissante, et Phaéton s'abîme dans la mer.

Ainsi se termine la vie du jeune présomptueux qui a eu l'audace de vouloir transporter le soleil.

"... brandissant la foudre...
Zeus la lança sur le cocher
auquel il fit perdre du même coup
la vie et l'équilibre."
Ovide, *Métamorphoses,* II, 310-312.

Asclèpios-Esculape

Esculape, le fils du dieu Apollon, a eu pour maître Chiron, le centaure savant. Esculape a appris tous les secrets de la médecine ; il sait soigner les maladies avec des herbes sauvages et, s'il le faut, il sait trancher et recoudre comme un chirurgien.

Athèna a apporté à Esculape un précieux cadeau : un flacon qui contient le sang de la féroce Méduse.

Grâce à ce sang, il est possible de rappeler à la vie ceux qui sont déjà partis dans le royaume d'Hadès.

Quand Esculape descend parmi les ombres avec son flacon, tout le monde est pressé de revenir vivant sur la terre.

Hadès ne veut pas d'un royaume dépeuplé. Furieux, il appelle Zeus à la rescousse.

Et Zeus lance la foudre contre Esculape.

Mais il se repent de sa sévérité et permet à Esculape de continuer à vivre, et même de devenir un dieu immortel.

"Guérisseur de tous les maux,
Esculape fils d'Apollon se mit à chanter...
réconfort des hommes mortels."
Hymnes homériques, XVI, 1-4.

Tantale

 Le roi Tantale est, paraît-il, un fils des dieux.
En effet, il est souvent invité à déjeuner sur l'Olympe, et il lui arrive aussi d'inviter les dieux chez lui.

Pour mettre ses hôtes dans l'embarras, il décide un jour de leur servir son propre fils, Pélops, qu'il a fait bouillir.

Les dieux s'aperçoivent tout de suite de ce qu'ils ont dans leur assiette. Sauf Déméter : elle est distraite, car elle pense à sa fille et, sans faire attention, elle mange l'épaule bien cuite de Pélops.

Les dieux savent comment défaire le mal fait par les hommes : ils rendent la vie au pauvre Pélops et Démèter lui donne une épaule en ivoire pour remplacer celle qu'elle a mangée.

Quant au roi Tantale, une punition l'attend dans le royaume d'Hadès.
Il souffre sans cesse d'une faim et d'une soif épouvantables. Tout près de lui se trouvent des fruits succulents qui s'éloignent dès qu'il tend la main pour en saisir un. Tout près de lui aussi coule une source d'eau fraîche qui s'éloigne dès qu'il tend les lèvres pour en boire une gorgée.

> "Chaque fois que le vieillard se penchait,
> avide, pour boire,
> chaque fois l'eau disparaissait, engloutie..."
> Homère, *Odyssée,* XI, 585-586.

Sisyphe

Sisyphe est malin, très malin. A la fin de sa vie, il ne veut à aucun prix descendre dans le royaume d'Hadès et il cherche le moyen de l'éviter.

Et comme il est malin, très malin, il le trouve. Il demande à sa femme de ne pas lui préparer un bel enterrement comme on en faisait en ce temps-là.

Hadès, qui n'apprécie pas que son nouveau sujet soit entré dans son royaume sans la moindre cérémonie, le renvoie sur la terre organiser des funérailles. Sisyphe rentre chez lui, puis il disparaît. Il se cache si bien qu'Hadès ne le retrouve plus.

Mais on n'échappe pas à la punition des dieux. Sisyphe finit par redescendre dans le royaume d'Hadès. Là, il est condamné à hisser un lourd rocher au sommet d'une montagne, mais, à peine arrivé, le rocher dévale la pente et tout est à recommencer.

"Et j'ai vu Sisyphe, qui souffrait d'atroces peines,
tenant dans ses bras un gigantesque rocher..."
Homère, *Odyssée,* XI, 593-594.

Les Danaïdes

Danaos et Aegyptos sont rois. Ils vivent en Egypte, ils sont frères et pourtant ils ne s'entendent pas. Danaos a cinquante filles et Aegyptos cinquante fils qui désirent se marier avec elles.

Mais Danaos n'est pas d'accord. Il embarque ses filles sur un grand navire rapide qui s'enfuit au loin.

Il les emmène à Argos, mais elles sont bientôt rejointes par les cinquante fils d'Aegyptos qui veulent les épouser.

Cette fois-ci, Danaos accepte et il offre une longue épingle à chacune de ses filles.

Après leurs noces, toutes transpercent d'un coup d'épingle le cœur de leur nouveau mari. Toutes sauf une.

Quand leur tour vient de descendre dans le royaume d'Hadès, les Danaïdes sont punies de leur méfait. Elles doivent

passer leur temps, toutes sauf une, à remplir d'eau des tonneaux percés qui, bien sûr, ne se rempliront jamais.

> "Une seule entre toutes,
> digne du flambeau nuptial,
> fut splendide menteuse
> envers son père parjure."
> Horace, *Odes,* III, 33-35.

LES BIEN-AIMES
DES DIEUX

Arion

Arion le musicien a gagné beaucoup d'argent en jouant de la lyre dans le monde entier. Maintenant, il veut rentrer chez lui.

Les marins qui le prennent à bord de leur navire en veulent à son argent. Ils décident de le tuer et de tout lui voler.

Mais Apollon apparaît en rêve à Arion et lui indique ce qu'il doit faire.

Ainsi, Arion joue de sa lyre, et tout à coup un dauphin l'emmène au loin parmi les vagues.

> "Pour rentrer dans son pays,
> Arion embarqua sur le navire
> et il emportait avec lui les trésors
> que son chant lui avait procurés."
> Ovide, *Fastes,* II, 95-96.

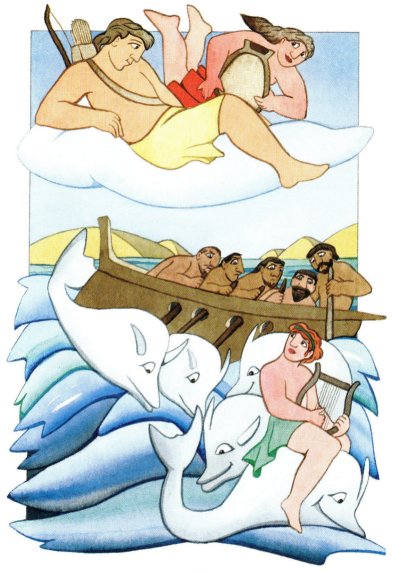

Ganymède

Zeus trouve Ganymède bien sympathique. C'est un beau jeune homme ! Mais un jour, il vieillira et comme tous les humains il perdra sa beauté. Comme tous les humains ? Non, car Zeus en a décidé autrement.

Et c'est ainsi que Zeus se transforme en aigle, saisit Ganymède dans ses serres et l'emporte sur l'Olympe, où l'on ne vieillit pas. Et c'est Ganymède qui remplit toujours la coupe des dieux durant les banquets.

"Il enlève le fils d'Ilus
qui aujourd'hui encore
sert à Zeus le nectar."
Ovide, *Métamorphoses*, X, 159-161.

Atalante

Ils sont nombreux, les amoureux d'Atalante, mais elle n'épousera que celui qui la battra à la course. Ils acceptent tous son défi, bien qu'elle gagne toujours et que les perdants soient tués.

Hippomène, qui se moquait jusqu'à présent de tous ces soupirants, tombe lui aussi amoureux d'Atalante dès qu'il la voit. Et maintenant il lui faut faire la course avec elle !

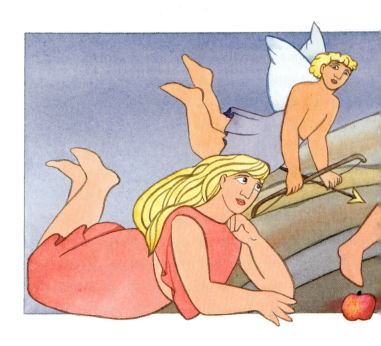

Hippomène a de la chance. Aphrodite, la déesse des amoureux, vient à son secours.

Elle lui donne trois merveilleuses pommes d'or qu'il laisse tomber l'une après l'autre pendant sa course. Atalante s'arrête trois fois pour les ramasser, ce qui permet à Hippomène d'arriver le premier.

Atalante a perdu, mais, comme Hippomène lui plaît, elle est contente de l'épouser.

"Peut-être as-tu entendu parler
d'une jeune fille qui, à la course,
surpassait en rapidité les hommes.
Ce n'était pas une fable..."
Ovide, *Métamorphoses,* X, 560-562.

Triptolème

Le jeune roi Triptolème a reçu de la déesse Déméter un précieux cadeau : elle lui a donné le blé.

Désormais, Triptolème sait quand il faut semer les grains de blé pour que poussent les épis dorés. La déesse lui a aussi donné un char, mené par deux dragons ailés, sur lequel il vole au-dessus des champs quand il est temps de les ensemencer.

Les hommes lèvent la tête et regardent passer le roi semeur, désormais célèbre sur toute la terre.

*"Triptolème est mon nom,
je ne suis venu ni sur un vaisseau, ni à pied :
l'éther s'est ouvert pour me livrer passage."*
Ovide, *Métamorphoses,* V, 653-654.

Philémon et Baucis

Zeus et Hermès, déguisés en vagabonds, veulent voir si les hommes sont généreux.

Ils frappent aux portes, mais personne ne leur ouvre.

Seuls deux pauvres vieillards, Philémon et Baucis, les invitent avec le sourire à partager leur maigre repas.

Pour les remercier, les dieux les transforment en deux grands arbres, un chêne et un tilleul, si proches l'un de l'autre que leurs branches s'entremêlent.

Les autres hommes sont punis : ils périssent dans un terrible déluge qui emporte leurs maisons.

"Ils demandent un asile,
et ils trouvent mille portes closes."
Ovide, *Métamorphoses,* VII, 628-629.

Admète et Alceste

Admète est amoureux de la douce Alceste, et le père de la jeune fille demande au jeune homme de prouver sa bravoure en attelant à un char un sanglier et un lion. Admète réussit grâce à l'aide secrète d'Apollon, son meilleur ami.

Après leur mariage, Admète et Alceste oublient de faire un sacrifice en l'honneur d'Artémis.

La déesse se vexe et met des serpents dans la chambre des époux. Mais grâce à l'intervention d'Apollon, Artémis pardonne.

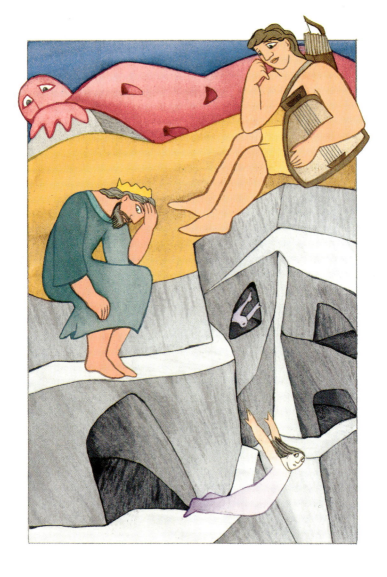

Le jour vient, trop vite, où les dieux décident qu'Admète doit quitter la terre pour descendre dans le royaume d'Hadès. Apollon intervient de nouveau : Admète pourra rester sur terre à condition de trouver quelqu'un qui le remplace dans le royaume d'Hadès.

Alceste accepte de se sacrifier pour son mari. Perséphone, qui pourtant ne se laisse pas émouvoir facilement, est touchée par cette preuve d'amour. Elle permet à Alceste de revenir sur terre et de continuer à vivre avec Admète.

"Ni son père ni sa mère
ne voulurent mourir à sa place.
Seule sa femme Alceste s'offrit à la mort..."
Hygin, *Fables,* 51.

Castor et Pollux

 Castor et Pollux sont les fils jumeaux de Léda et de Zeus nés dans un œuf, les frères d'Hélène et de Clytemnestre.

Les jumeaux sont forts et courageux, aucune entreprise ne leur semble trop difficile.

Ils sont toujours ensemble, même s'ils devront un jour se séparer, car Castor est mortel comme un homme et Pollux immortel comme un dieu.

Castor et Pollux tombent amoureux de deux belles jeunes filles. Comme elles sont déjà fiancées, les jumeaux décident de les enlever.

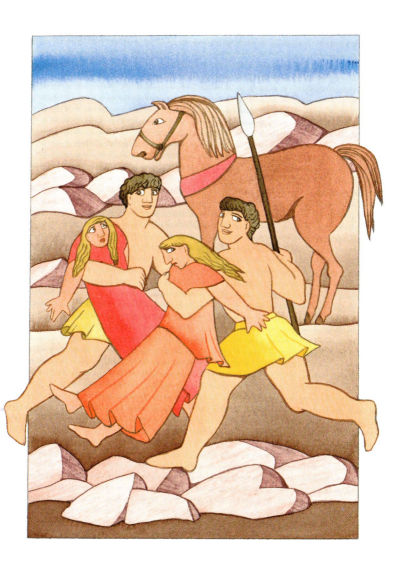

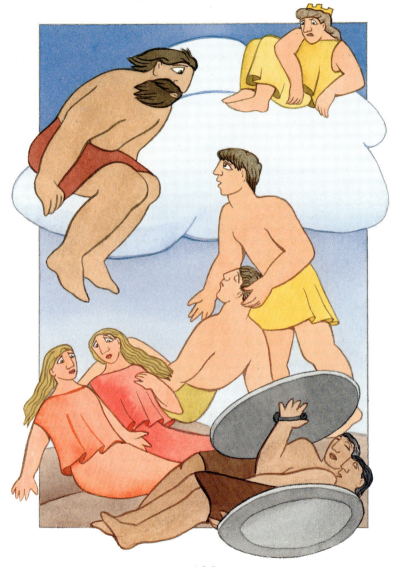

Les fiancés, eux, ne se résignent pas et ils viennent chercher leurs promises. La bataille est violente, les fiancés meurent, et Castor aussi.

Pollux va dire à Zeus, son père, qu'il a trop de peine pour vivre depuis que son frère est mort. Zeus trouve alors une solution : les jumeaux vivront un jour dans l'Hadès et un jour sur l'Olympe, un jour comme des hommes et un jour comme des dieux.

"Et s'alternant ils vivent un jour chacun,
meurent un jour chacun,
honorés comme des immortels."
Homère, *Odyssée,* XI, 303-304.

Cadmos

Cadmos est le frère de la princesse Europe, celle que Zeus avait enlevée et emmenée sur la mer lorsqu'il s'était tranformé en taureau.

Pour obéir à son père, le roi Agénor, Cadmos part à la recherche de sa sœur, mais il ne la trouve pas.

Après un long voyage, il consulte l'oracle de Delphes qui a un message à lui transmettre.

L'oracle lui dit de chercher une vache qui ne ressemble à aucune autre. Elle le mènera à l'endroit même où Cadmos pourra fonder une grande ville dont il sera roi.

Cadmos voit une vache sans pareille, car sur ses flancs est dessinée une lune.

La vache marche longtemps et Cadmos la suit, sans jamais perdre sa trace.

Quand la vache s'arrête, Cadmos veut remercier les dieux en leur offrant un sacrifice. Il va puiser de l'eau à une source toute proche et il découvre qu'elle est défendue par un immense dragon qui ne permet à personne de s'en approcher.

Cadmos, très courageux, n'a pas peur : il tue le dragon.

Athèna, la sage déesse, lui conseille de semer les dents du dragon comme des graines. De chaque dent naissent des hommes armés de pied en cap qui se battent entre eux.

Leur combat est bref, bientôt il ne reste plus que cinq guerriers. Ce sont eux qui aideront Cadmos à édifier sa ville : Thèbes.

Le moment est venu pour Cadmos de se marier, et il choisit pour épouse Harmonie, la fille d'Aphrodite et d'Arès.

Les dieux sont satisfaits et comme Cadmos les a invités au mariage, ils apportent à la mariée de somptueux cadeaux.

"Pallas lui apparaît
et lui ordonne d'ouvrir la terre
et d'y enfouir les dents de serpent..."
Ovide, *Métamorphoses,* III, 102-103.

LES HEROS

Jason

Jason, un élève de Chiron le centaure, est parti sur la nef Argo, avec ses compagnons les Argonautes, chercher la précieuse Toison d'Or. Phinée le devin, dont les yeux se sont éteints, connaît bien la mer et donne de bons conseils.

Les méchantes harpies, mi-femmes mi-oiseaux, salissent l'assiette de Phinée pendant qu'il mange. Les deux fils du vent du Nord Borée-Aquilon, qui font partie de l'équipage, les mettent en fuite par amitié pour le vieux devin.

Phinée explique à Jason comment éviter les écueils qui, en se rapprochant, broient les navires qui tentent de passer : il faut envoyer une colombe entre les rochers pour guider le bateau.

Les écueils se referment sur elle comme une bouche affamée, mais trop tard, la colombe s'est déjà envolée, et ils n'attrapent que quelques plumes de sa queue.

Dès qu'ils ouvrent à nouveau leurs mâchoires, le navire s'y faufile à toute vitesse avant qu'ils n'aient le temps de l'écraser.

Les Argonautes passent sains et saufs, et les écueils sont tellement déçus qu'ils ne bougeront plus jamais. Athèna, elle, se réjouit du succès de Jason, son protégé.

Il doit affronter encore bien des dangers, mais rien ne l'arrête. Il sait que, grâce à la Toison d'Or, il retrouvera son royaume de Thessalie d'où il a été chassé par son oncle.

La Toison est dans le royaume du roi Aeétès, bien gardée par un dragon. Médée, la fille du roi, aide Jason à préparer la potion magique qui endormira le monstre.

Jason conquiert enfin la Toison, ainsi que Médée, mais la princesse est trop cruelle pour aimer vraiment et leur mariage finira très mal.

"Emmenant avec lui, autre butin,
la bienfaitrice à laquelle il doit la Toison d'Or,
il aborda avec son épouse aux ports d'Iolcos."
Ovide, *Métamorphoses,* VII, 157-158.

Persée

Persée, fils de Zeus, et sa mère Danaé avaient été épargnés par les flots, qui ne les avaient pas noyés.

Depuis, Persée n'a peur de rien : il part vers une destination mystérieuse, si lointaine que la lumière du soleil n'y brille pas. C'est là qu'habitent trois sœurs, les horribles Gorgones ; et c'est à la troisième, Méduse, qu'il doit couper la tête. Ceux qui ont regardé Méduse dans les yeux ont été transformés en pierres ; ceux qui sont arrivés dans le monde obscur et triste de Méduse n'en sont jamais revenus. Mais Persée possède la faux et les sandales ailées données par Hermès, ainsi qu'un bouclier magique, le cadeau d'Athèna qui veut en échange la tête de Méduse.

Méduse se regarde dans le bouclier comme dans un miroir et, pétrifiée, se laisse trancher la tête sans même se défendre.

Du sang de Méduse naît Pégase, le merveilleux cheval ailé.

Sur le chemin du retour, Persée aperçoit une jeune fille si jolie qu'il s'en éprend tout de suite. Mais la belle Andromède est en détresse : un gros dragon, envoyé par Poséidon, est sur le point de la dévorer.

Persée, grâce à ses armes magiques, se débarrasse facilement du dragon. Il déclare son amour à Andromède qui est heureuse d'épouser son sauveur.

" Ô Danaé aux belles chevilles
qui reçut la pluie d'or et engendra Persée,
glorieux parmi les héros."
Homère, *Iliade,* XIV, 319-320.

Bellérophon

Bellérophon a pour compagnon d'aventures Pégase, le cheval ailé que la déesse Athèna lui a permis d'apprivoiser. Heureusement, car le jeune homme doit affronter Chimère, une créature terrible et invincible, maligne comme une chèvre, forte comme un lion et perfide comme un serpent.

Grâce à Pégase, Bellérophon vole si haut que ses flèches pleuvent sur la tête de Chimère et la mettent hors de combat.

"Il devait tuer l'invincible Chimère,
de souche divine et non mortelle,
lion devant, serpent derrière et chèvre au milieu."
Homère, *Iliade,* VI, 179-180.

Thésée

Un beau jeune homme nommé Thésée arrive un jour à la cour d'Athènes.

Le roi Egée lui offre une coupe de vin empoisonné, car sa femme l'a convaincu que Thésée est leur ennemi.

Mais Egée soupçonne quelque chose en voyant l'épée de Thésée et il réussit à temps à l'empêcher de boire le poison.

Car Thésée est en fait le fils d'Egée qui a grandi loin d'Athènes. Tout petit, il avait trouvé sous un rocher cette épée et une paire de sandales : son père les avaient laissées là pour lui, afin de pouvoir le reconnaître plus tard.

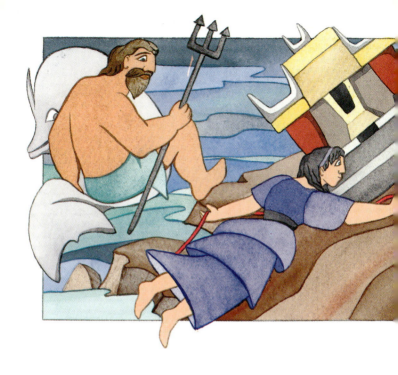

Chaque année, à cause d'une vieille dispute avec le roi Minos, Egée doit envoyer en Crète douze jeunes Athéniens qui seront dévorés par le Minotaure. Thésée part avec eux. Il réussit à pénétrer dans le labyrinthe où vit le monstre à tête de taureau, et il le tue. Pour qu'il retrouve

son chemin dans le labyrinthe, Ariane, la fille du roi Minos, lui a confié une grosse pelote de fil, et ce fil, très long, permet à Thésée de retrouver la sortie.

Ariane et Thésée repartent vers Athènes, et Ariane espère que Thésée va l'épouser. Mais le perfide profite du sommeil de la jeune fille pour l'abandonner sur une plage déserte de l'île de Naxos.

Heureusement, le dieu Dionysos voit Ariane endormie et il tombe amoureux d'elle. A son réveil, Ariane accepte de suivre le dieu et devient son épouse.

"Tu es, grand Thésée,
l'objet de l'admiration de Marathon,
arrosé par le sang du taureau de Crète."
Ovide, *Métamorphoses,* VII, 433-434.

Héraclès-Hercule

Il y a bien des histoires à raconter sur Héraclès, le héros, fils de Zeus et de la reine de Thèbes Alcmène.

Héra, jalouse comme d'habitude des fils que Zeus a eus des femmes de la terre, envoie dans le berceau d'Héraclès deux grands serpents, mais le bébé est déjà si fort qu'il les étouffe tous les deux.

Héraclès grandit, sa force aussi.
Un jour, son maître Linos le gronde ; Héraclès le frappe avec son tabouret d'écolier et Linos est assommé.

L'école n'intéresse pas Héraclès. Il préfère habiter à la campagne où il se met au service de son cousin Eurysthée. Tout de suite, il montre sa force en étranglant le lion de Némée qui semait la terreur dans la région.

Héraclès s'habille avec la peau du lion

et, sans perdre de temps, part trancher les têtes puantes de l'Hydre de Lerne qui habite dans un sombre marais.

Il fait ensuite s'envoler les oiseaux du lac Stymphale aux becs acérés et aux griffes puissantes. Et, armé de son lance-pierre, il les abat tous, l'un après l'autre.

Il poursuit l'effroyable sanglier d'Erymanthe, et quand l'animal s'arrête à bout de souffle, il l'attrape et en fait cadeau à son cousin Eurysthée, qui prend peur et se cache au fond d'une grande jarre.

Il capture la biche de Cérynie aux pieds d'airain qui dévastait les champs.

Il sait aussi faire autre chose : en une seule journée, il nettoie les immenses écuries du roi Augias, où le fumier s'était accumulé depuis toujours, en les faisant laver à grande eau par un fleuve dont il a détourné le cours.

Héraclès continue à voyager, d'aventure en aventure. En Crète, il capture le célèbre taureau que Poséidon avait fait surgir de la mer et qui était devenu enragé.

En Thrace, il dompte les juments de Diomède, si sauvages qu'elles se nourrissent de chair humaine.

Plus tard, il demande à Hippolitè, la reine des guerrières Amazones, de lui faire cadeau de sa belle ceinture. Mais Héra, son ennemie de toujours, arrive déguisée au milieu des Amazones et déclenche une bagarre épouvantable dont Héraclès sort, bien sûr, vainqueur.

Il transporte un troupeau de bœufs à travers l'océan, dans une grande coupe que lui a prêtée Hélios. C'est la coupe dans laquelle Hélios installe le soleil quand celui-ci se couche.

Il demande à Atlas d'aller voler à sa place les pommes d'or des Hespérides

pendant qu'il porte le ciel sur ses épaules. Atlas, qui se sent un peu fatigué, voudrait que le héros le remplace pour toujours. Héraclès lui rend le ciel, juste le temps, dit-il, d'aller chercher un coussin pour s'installer plus confortablement. Mais il ne revient jamais.

Héraclès descend jusque dans les Enfers, pour en capturer le gardien : le chien à trois têtes Cerbère, qu'il rapporte à Eurysthée. Comme d'habitude, son cousin prend peur, il trouve Cerbère vraiment affreux, et Héraclès est obligé de rapporter le chien là où il l'avait pris.

Deux redoutables brigands, les Cercopes, avaient été prévenus par leur mère : un homme au derrière tout noir les punirait de leurs méfaits.

Un jour, les brigands attaquent Héraclès pour le voler pendant qu'il dort. En un clin d'œil les Cercopes se retrouvent ficelés et pendus la tête en bas. Dans cette position, ils aperçoivent le derrière tout noir d'Héraclès et ils éclatent de rire. Héraclès rit aussi et, cette fois-ci, il les laisse partir.

On raconte bien d'autres histoires sur Héraclès, des histoires d'amour aussi. On dit que le héros s'est épris de la belle Omphale.

Omphale est une reine : pour lui rendre service et lui faire plaisir, Héraclès a exterminé tous les ennemis de son royaume et maintenant il voudrait bien se reposer.

Quand il est près d'Omphale, Héraclès devient gentil comme une petite fille ; la reine peut même mettre sa peau de lion sans qu'il se fâche. Héraclès file la laine avec ses grosses mains, un passe-temps plutôt bizarre pour un héros aussi musclé !

Un beau jour, Héraclès en a assez de cette vie, et il s'en va.

Après bien des années et des aventures, Héraclès épouse Déjanire qui le rend heureux.

Ils s'en vont en voyage et, alors qu'ils doivent traverser une rivière, le centaure Nessos propose de porter Déjanire sur son dos. Arrivé sur l'autre rive, Nessos veut embrasser Déjanire, mais Héraclès, furieux, le transperce d'une flèche. Juste avant de mourir, le centaure donne à Déjanire un mystérieux flacon : il contient un philtre magique grâce auquel, prétend-il, le héros aimera toujours sa femme.

Un jour Héraclès tombe amoureux d'une autre. Alors Déjanire verse le philtre sur le manteau de son mari. Quand il le met, l'étoffe le brûle et colle tellement à sa peau qu'il ne peut plus l'enlever.

Déjanire est désespérée, la peau d'Héraclès continue de brûler. Le héros a trop mal. Il fait allumer un grand feu pour quitter la terre en se consumant dans de vraies flammes.

Zeus son père arrive alors sur son char de pierres précieuses et l'emmène sur l'Olympe où les autres dieux l'accueillent chaleureusement. Depuis, ils vivent tous ensemble dans le ciel, au-dessus des nuages, et sur la terre dans notre mémoire.

"Et lui, parmi les dieux immortels,
goûte à leur banquet."
Homère, *Odyssée,* XI, 602-603.

Grèce ancienne

Bien des cités revendiquaient l'honneur d'avoir été le théâtre des événements racontés par la mythologie. Nous donnons ici celles que la tradition dominante nous a transmises.

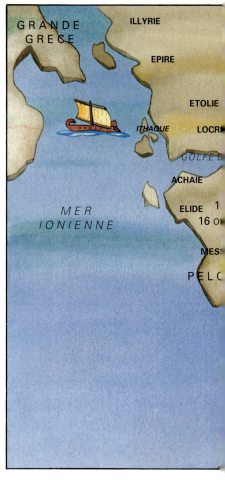

Localisation traditionnelle des principaux événements de la mythologie.

1) en Arcadie : Atalante.
2) à Argos : Danaé et Persée / Danaé et les Danaïdes.
3) à Athènes : Egée / Thésée.
4) en Béotie : Actéon / Echo et Narcisse.
5) à Chios : Esculape.
6) à Chypre : Adonis / Pygmalion.
7) à Corinthe : Sisyphe / Bellérophon.
8) en Crète : Europe et Zeus / Minos et le Minotaure / Thésée et Ariane.

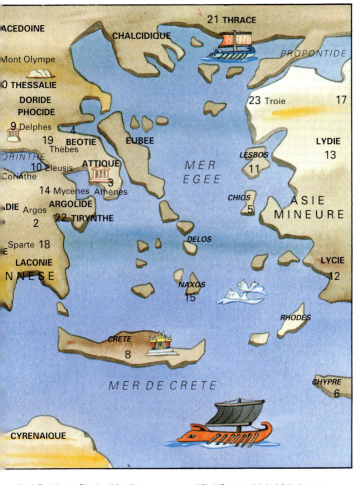

9) à Delphes : Oracle d'Apollon.
10) à Eleusis : Triptolème.
11) à Lesbos : Arion.
12) en Lycie : la Chimère.
13) en Lydie : Niobé / Arachnè / Tantale.
14) à Mycènes : Ios.
15) à Naxos : Ariane.
16) à Olympie : Héraclès.
17) en Phrygie (à l'est de la Lydie) : Marsyas / Midas / Philémon et Baucis.
18) à Sparte : Léda / Admète et Alceste.
19) à Thèbes : Cadmos / Héraclès.
20) en Thessalie : Apollon et Daphné / Jason.
21) en Thrace : Orphée et Eurydice / Phinée et les Argonautes.
22) à Tirynthe : Eurysthée.
23) à Troie : Ganymède.

Table des matières

Préface	5	Tantale	90-93
		Sisyphe	94-97
Les amours difficiles		Les Danaïdes	98-101
Zeus et Io	8-11		
Zeus et Europe	12-15	**Les bien-aimés**	
Zeus et Danaé	16-19	**des dieux**	
Zeus et Léda	20-21	Arion	104-105
Héra et Ixion	22-25	Ganymède	106-107
Apollon et Daphné	26-29	Atalante	108-111
Artémis et Actéon	30-33	Triptolème	112-113
Aphrodite et Adonis	34-37	Philémon et Baucis	114-115
Amour et Psyché	38-41	Admète et Alceste	116-119
Polyphème et Galatée	42-45	Castor et Pollux	120-123
Orphée et Eurydice	46-49	Cadmos	124-129
La vengeance		**Les héros**	
des dieux		Jason	132-137
Niobé	52-55	Persée	138-141
Arachnè	56-59	Bellérophon	142-143
Echo	60-63	Thésée	144-149
Narcisse	64-65	Héraclès-Hercule	150-167
Pygmalion	66-69	Carte de la Grèce	
Minos	70-73	ancienne	168-169
Marsyas	74-77	Index	172-175
Midas	78-81		
Phaéton	82-85		
Asclèpios-Esculape	86-89		

Index des noms cités

Les noms des dieux cités sont ceux de la mythologie grecque.
Les noms en italique correspondent aux divinités
de la mythologie romaine.

Acis 42, 45
Acrisios 16, 19
Actéon **30,** 32, 33
Admète **116,** 119
Adonis **34,** 36
Aegyptos 98
Aeétès 136
Agénor 12, 124
Alceste **116,** 119
Alcmène 150
Amazones (les) 157
Amour **38,** 41
Andromède 140
Aphrodite - *Vénus* **34,** 36, 37, 41, 66, 69, 110,128
Apollon **26,** 29, 52, 54, 74, 76, 77, 78, 104, 116, 119
Arachnè **56,** 59
Arès - *Mars* 128
Argonautes (les) 132, 135
Argos 8, 98
Ariane 147, 148
Arion **104**
Artémis - *Diane* **30,** 32, 52, 54, 116
Asclèpios - *Esculape* **86**, 88, 89

Astérios 73
Atalante **108,** 110, 111
Athèna - *Minerve* 56, 59, 86, 126, 135, 138, 142
Atlas 158, 159
Augias 155
Baucis **114**
Bellérophon **142**
Borée - *Aquilon* 132
Cadmos **124,** 126, 128, 129
Castor 20, **120,** 123
Cerbère 160
Cercopes (les) 160
Chimère 142
Chiron 86, 132
Clytemnestre 20, 120
Danaé **16,** 19, 138
Danaïdes **98,** 100
Danaos 98
Daphné **26,** 28, 29
Déjanire 165, 166
Démèter - *Cérès* 90, 92, 112
Diomède 156
Dionysos - *Bacchus* 148
Echo **60,** 63
Egée 144, 146
Epaphos 11
Europe **12,** 14, 124

Eurydice **46,** 48, 49
Eurysthée 154, 160
Gaïa - *Terre* 28
Galatée **42,** 45
Ganymède **106**
Gorgones (les) 138
Hadès - *Pluton* 25, 34, 46, 48, 49, 86, 88, 92, 94, 100, 119, 123, 160
Harmonie 128
Hélène 120
Hélios 20, 82, 158
Héra - *Junon* 8, 10, **22,** 25, 60, 150, 157
Héraclès - *Hercule* **150,** 152, 156, 157, 159, 160, 163, 165, 166
Hermès - *Mercure* 144, 138
Hippomène 108, 110, 111
Hippolitè 157
Io **8,** 10
Ixion **22,** 25
Jason **132,** 135, 136
Léda **20,** 120
Léto 52
Linos 150
Marsyas **74,** 76
Médée 136
Méduse 86, 138, 140
Midas **78**
Minos 14, **70**, 73, 146, 147

Minotaure (le) 173, 146
Muses (les) 76
Myrrha 34
Narcisse 63, **64**
Nessos 165
Niobé **52,** 54, 55
Olympe (l') 16, 85, 90, 106, 123, 166
Omphale 163
Orphée **46,** 48, 49
Pan 78
Paphos 69
Persée 19, **138,** 140
Perséphone - *Proserpine* 34, 36, 37, 48, 119
Pégase 140, 142
Pélops 90, 92
Phaéton **82,** 85
Philémon **114**
Phinée 132, 135
Pollux 20, **120,** 123
Polyphème **42**
Poséidon - *Neptune* **14,** 70, 73, 140, 156
Psyché **38,** 41
Pygmalion **66,** 69
Rhadamante 14
Sarpédon 14
Sisyphe **94,** 96
Tantale **90,** 92

Thésée **144,** 146, 147
Triptolème **112**
Zeus - *Jupiter* **8,** 11, **12,** 14, **16,** 19, **20,** 22, 36, 45, 60, 70, 85, 88, 106, 114, 120, 123, 124, 138, 150, 166

Imprimé et relié par Oberthur
Loi 49956 du 16 juillet 1949 sur les
publications destinées à la jeunesse
Dépôt légal : octobre 1991
Imprimé en France